Vérité non Rapportée : Technocratie 2030 – 2050

Fraudes aux Vaccins, Cyberattaques, Guerres Mondiales et Contrôle de la Population; Exposé !

Rebel Press Media

Avis de non-responsabilité

Copyright 2021 par REBEL PRESS MEDIA - Tous droits réservés

Ce document vise à fournir des informations exactes et fiables sur le sujet et la question traités. La publication est vendue avec l'idée que l'éditeur n'est pas tenu de rendre des services comptables, officiellement autorisés ou autrement qualifiés. Si des conseils sont nécessaires, d'ordre juridique ou professionnel, il convient de s'adresser à une personne exerçant cette profession - à partir d'une déclaration de principes qui a été acceptée et approuvée également par un comité de l'American Bar Association et un comité des éditeurs et des associations.

Il n'est en aucun cas légal de reproduire, dupliquer ou transmettre une partie de ce document, que ce soit par voie électronique ou sous forme imprimée. L'enregistrement de cette publication est strictement interdit et tout stockage de ce document n'est pas autorisé, sauf avec la permission écrite de l'éditeur. Tous droits réservés.

La présentation de l'information est sans contrat ou tout type d'assurance de garantie. Les marques commerciales qui sont utilisées le sont sans aucun consentement, et la publication de la marque est sans autorisation ou soutien de la part du propriétaire de la marque. Toutes les marques et marques déposées dans ce livre ne sont utilisées qu'à des fins de clarification et appartiennent aux propriétaires eux-mêmes, sans être affiliées à ce document. Nous n'encourageons pas l'abus de substances et nous ne pouvons être tenus responsables de la participation à des activités illégales.

1

Nos autres livres

Consultez nos autres livres pour découvrir d'autres informations inédites, des faits exposés et des vérités démystifiées, et bien plus encore.

Rejoignez le cercle exclusif des médias de Rebel Press !

Chaque vendredi, vous recevrez dans votre boîte de réception une nouvelle mise à jour de la réalité non rapportée.

Inscrivez-vous ici dès aujourd'hui :

https://campsite.bio/rebelpressmedia

Introduction

Ce que des scientifiques indépendants avaient déjà mis en garde a maintenant été confirmé : les personnes vaccinées deviennent beaucoup plus sensibles à certaines mutations du corona. Une étude de l'université de Tel Aviv montre que les personnes qui ont reçu une injection du vaccin Pfizer - de loin le plus utilisé en Europe - ont 8 fois plus de chances de contracter la variante sud-africaine du virus corona. Le slogan "Nous faisons tout pour le soin" pourrait maintenant avoir l'effet inverse, car de plus en plus de personnes vaccinées devront être hospitalisées.

Dans le pays le plus vacciné, Israël, la variante sud-africaine B.1.351 du coronavirus est présente chez 5,4 % des personnes vaccinées par Pfizer. Chez les personnes non vaccinées, elle n'est que de 0,7 %. Cela signifie que cette variante est capable de briser la protection du vaccin dans une certaine mesure", a déclaré Adi Stern de l'université.

Or, il existe une explication beaucoup plus logique, contre laquelle de nombreux experts ont déjà mis en garde, à savoir que le vaccin brise en fait la résistance naturelle aux mutations du virus. Les recherches montrent que ce sont précisément les vaccins qui peuvent provoquer des mutations mortelles du virus corona.

Surpris par le résultat", mais pourquoi ?

Stern a admis que l'équipe scientifique était "surprise" par le résultat. Sur les 400 personnes étudiées, ils ne s'attendaient qu'à un seul cas de la variante sud-africaine, et non à 8. Bien sûr, cela ne m'a pas fait plaisir.

Il s'agit toutefois d'une variante peu fréquente (1 % de tous les cas supposés de Covid), mais cela pourrait changer précisément grâce au vaccin. En effet, cette mutation n'est pratiquement jamais observée chez les personnes non vaccinées, ce qui signifie que le système immunitaire naturel est bien plus à même de lutter contre ce (supposé) virus. Ainsi, sans les vaccins, cette mutation inoffensive n'aurait eu aucune chance.

Des chercheurs universitaires français ont constaté fin février/début mars que le vaccin Pfizer entraînait en Israël une mortalité de dizaines à centaines de fois supérieure dans tous les groupes d'âge. Les scientifiques ont été tellement choqués qu'ils ont littéralement parlé d'un "nouvel Holocauste".

Malgré cela, les personnes non vaccinées en Israël, et bientôt dans toute l'Europe, sont discriminées et sanctionnées par une exclusion partielle de la société. Comme nous l'avons déjà écrit à de nombreuses reprises, cela fait également partie du renversement de toutes les valeurs, normes, humanité et logique (lumière=obscurité, obscurité=lumière), qui est si

typique d'une civilisation en décomposition morale et
mentale qui se dirige clairement de plus en plus vite
vers l'abîme.

Table des matières

Chapitre 1 : Préparer la machine

La Russie est occupée à se défendre et/ou à défendre la population russe en Ukraine en cas d'attaque. Ainsi, ces missiles hypersoniques Iskander ont été déployés.

Le maire de la ville russe de Cherepovets (plus de 311 000 habitants) a pris une ordonnance pour désigner les endroits où les victimes "urgentes" devraient être enterrées en temps de guerre. La ville est située à quelque 375 kilomètres de Moscou, à 800 kilomètres de la frontière ukrainienne et à quelque 600 kilomètres des pays de l'OTAN que sont l'Estonie et la Lettonie. Pourquoi une ville située au fin fond de la Russie prendrait-elle une telle mesure, si ce n'est pour suggérer que le Kremlin se prépare sérieusement à devoir mener une guerre (mondiale) contre l'Occident ? La Russie a également averti qu'elle détruirait deux navires de la marine américaine en mer Noire si ces navires étaient utilisés dans une attaque militaire contre l'Ukraine.

La résolution n° 1482, adoptée le 5 avril, traite de "l'organisation de l'enterrement urgent des cadavres en temps de guerre" dans la ville de Cherepovets. Le MKU (Centre de protection de la population et des territoires dans les situations d'urgence) est chargé de désigner, en coopération avec le gouvernement fédéral, les lieux "où des corps ont été trouvés, et d'identifier et de documenter ceux qui sont morts en temps de guerre". Il fournit également des "ressources matérielles et techniques" pour "l'enterrement urgent des cadavres et la décontamination".

Les navires de la marine américaine peuvent être détruits.

Cette ordonnance dans une ville située si profondément en Russie ne peut que signifier que le pays envisage sérieusement de devenir la cible d'attaques massives de missiles, non seulement depuis l'Ukraine, mais aussi depuis le territoire, les avions et les navires de l'OTAN.

Par exemple, deux destroyers américains naviguent déjà en mer Noire. Dmitry Peskov, secrétaire de presse du Kremlin, a lancé un sérieux avertissement à ce sujet : "Si les missiles de croisière de ces destroyers sont utilisés contre le territoire des républiques de Donetsk et de Louhansk, ces navires de guerre américains peuvent être détruits. La Russie défendra les citoyens russes de cette manière.

La Russie n'est pas autorisée par Merkel à répondre aux provocations militaires

Les responsables de l'OTAN et les politiciens occidentaux comme Angela Merkel ont ordonné à la Russie de retirer ses troupes - déjà au nombre de 28 bataillons - à la frontière avec l'Ukraine. Les dirigeants occidentaux arrogants ont-ils complètement oublié d'interdire à un pays dont l'armée est historiquement la plus déterminée du monde de déplacer des troupes sur son propre territoire en réponse aux 110 000 soldats que l'Ukraine a rassemblés près des villes russophones de Luhansk et Donetsk ?

C'est l'Ukraine qui a coupé l'approvisionnement en eau (potable) de la Crimée après que près de 97% de la population ait décidé, lors d'un référendum déclaré valide et équitable par l'OSCE, de retourner dans la mère patrie, la Russie. Si le régime de Kiev arrête ses bombardements sur Louhansk et Donetsk, retire ses troupes et supprime le barrage "temporaire" du Dniepr permettant à l'eau douce de revenir vers la population russe, la question pourra être résolue diplomatiquement et pacifiquement.

Mais si le pays veut nécessairement la guerre, alors le pays aura la guerre. Mais que ce ne soit PAS avec notre soutien. L'Amérique et l'OTAN devraient rester en dehors de cela. Mais il n'y a aucune chance pour cela, puisque le "président de la guerre" Biden a déjà promis son soutien inconditionnel à l'Ukraine si un conflit armé éclatait.

D'autre part, même les alliés savent que les promesses de Washington sont nulles et non avenues depuis très longtemps. Les États-Unis, en tant qu'empire totalement déséquilibré, imposent leur volonté au reste du monde par un chantage pur et simple et des menaces tant économiques que militaires.

Pourquoi l'Occident soutient-il un régime néo-nazi belliciste ?

Le président ukrainien et marionnette de l'Occident, M. Zelensky, a récemment signé un document stipulant que la Crimée devait être conquise à la Russie. Ce n'est rien d'autre qu'une déclaration de guerre d'un régime dont certaines troupes utiliseraient ouvertement des drapeaux nazis dans certains endroits.

Le message pourrait difficilement être plus clair : L'Amérique soutiendra militairement l'Ukraine en cas de guerre. N'est-il pas très étrange que l'Occident soit à nouveau associé en Russie aux nazis, par lesquels ils ont été trahis à l'époque, et qu'ensuite 20 millions de Russes soient morts pendant la Seconde Guerre mondiale ?

Quoi qu'il en soit, les tensions avec l'OTAN augmentent. Selon des informations non confirmées, des troupes frontalières polonaises et biélorusses se sont récemment affrontées. Ces dernières semaines, il y a déjà eu plusieurs échanges d'insultes.

L'armée russe a entre-temps installé un énorme camp militaire doté d'un hôpital de campagne à quelque 250 kilomètres de la frontière avec l'Ukraine. Plus important encore, des missiles hypersoniques Iskander ont été déployés, capables de porter à la fois une tête conventionnelle et une tête nucléaire. Contre ces missiles à courte portée (500 km.) aucune défense n'est possible, car ils volent trop vite (jusqu'à 2,6 km. par seconde). De plus, les projectiles peuvent changer de trajectoire pendant leur vol et esquiver les missiles de défense.

Les analystes craignent qu'une guerre "chaude" n'éclate dès le mois de mai. D'ici là, les politiciens européens devraient faire tout ce qu'ils peuvent pour dissuader l'Ukraine et les États-Unis de nouvelles provocations, et reprendre les pourparlers avec la Russie. Malheureusement, "nos" dirigeants sont trop occupés à mener leur propre guerre contre la liberté, l'autodétermination, le bien-être et la santé de leur propre peuple.

Chapitre 2 : Garder les animaux en cage

Après le masque intelligent, la marque intelligente ?
Grâce à la "programmation prédictive", les enfants
subissent un lavage de cerveau depuis des années, avec
l'idée que tout le monde devra bientôt porter une
marque sur la main ou le bras.

Outre le fait qu'une partie de l'Occident se prépare à une nouvelle guerre, la population est maintenue sous contrôle par des mesures concernant le corona virus. La possibilité de pigeonner la population et de faire en sorte que nous soyons progressivement décimés est abordée de manière de plus en plus créative. Le Forum économique mondial annonce la prochaine étape vers la subordination totale et l'esclavage technocratique : les "masques intelligents", qui vous indiquent quand vous pouvez respirer librement, si le niveau de CO_2 derrière le masque n'est pas trop élevé, et même si vous portez le masque correctement. Ce plan insensé, qui sera sans aucun doute "volontaire" dans un premier temps, puis obligatoire de toute façon, souligne à quel point la dictature mondiale imposée à l'ensemble de la population mondiale est en train de devenir totalitaire, anti-humaine et oppressive.

Avec un taux de mortalité de 0,037% établi dans les statistiques officielles, "corona" est un virus respiratoire commun mortel dont le monde a connu des centaines de cas et dont 99% des personnes souffrent peu ou pas du tout. Comme nous l'écrivons et le démontrons depuis plus d'un an, cette crise n'a rien à voir avec un virus ou la santé publique, mais avec notre soumission à une dictature technocratique mondiale du climat et des vaccins.

Les masques faciaux sont le symbole de la soumission totale et de l'inanité.

L'un des symboles les plus importants de la soumission sans volonté est le masque buccal, dont il a été démontré qu'il est inutile et peut même être très nocif, ce qui a également été ouvertement reconnu par les politiciens et les experts pendant des mois, mais qui a ensuite été simplement rendu obligatoire de toute façon.

Pour les planificateurs nationaux et internationaux de la "Grande Réinitialisation", de la "Quatrième Révolution Industrielle" et de l'"Agenda 2030", l'acceptation pratiquement sans opposition et sans critique de cette mesure totalement idiote par la quasi-totalité de la population a été la confirmation finale qu'ils pouvaient désormais faire ce qu'ils voulaient, car la capacité de réflexion de la plupart des citoyens semblait être descendue bien en dessous du niveau critique d'inanité absolue avec l'aide des médias de masse et du divertissement plat.

Bienvenue dans cette école maternelle mondiale

Ce masque intelligent vous dit quand il faut le laver",
déclare le WEF dans sa vidéo promotionnelle sur la
couche orale de BreathTech.

Et si vous le portez correctement. Il mesure votre
rythme respiratoire, et si trop de CO2 s'est accumulé à
l'intérieur, il vous dit de prendre quelques bouffées d'air
frais". Comme les recherches ont montré que les
niveaux de CO2 sont multipliés par 1 000 après
seulement quelques minutes, cela signifie que vous
devez enlever et remettre votre protège-dents toutes
les quelques minutes tout au long de la journée. Bien
sûr, cela n'arrivera jamais.

Et si tu oublies de le mettre, ça déclenche une alarme.
Comment cela est-il possible ? Parce que, bien sûr, le
masque intelligent doit être relié à votre smartphone,
qui devient à son tour un élément du "réseau
intelligent" 4G/5G en construction depuis des années,
qui vous permettra d'être suivi, surveillé, instruit et
corrigé 24/7/365. Au moment où vous mettez l'embout
buccal, le smartphone affiche un symbole vert avec le
mot "bon". (Bienvenue dans cette classe de maternelle
mondiale).

La casquette BreathTech S3, comme c'est le cas pour
presque tout ce qui existe aujourd'hui, est présentée
comme étant "durable" et meilleure pour
l'environnement. Le fabricant souligne que l'humanité a
dépensé 166 milliards de dollars en protège-dents
l'année dernière, dont la totalité a fini dans des

14

décharges. Bien sûr, cela aurait pu être facilement évité en ne les important tout simplement pas. Enfin, il a été démontré que la "corona" dans les pays et les États qui n'ont pas introduit ou supprimé l'obligation de porter un protège-dents fait beaucoup moins de malades et de morts (supposés).

Quelle est votre idée pour résoudre les plus grands problèmes du monde ?

"Quelles sont vos idées pour résoudre les plus grands problèmes du monde ?" termine la vidéo. Eh bien, il ne peut y avoir aucun malentendu à ce sujet en ce qui me concerne : si l'humanité veut encore avoir un avenir libre, ou un avenir tout court, alors tout d'abord le WEF ainsi que la Fondation Gates devraient être immédiatement ciblés et interdits comme la plus grande menace possible, et leurs dirigeants poursuivis devant un nouveau tribunal de Nuremberg pour de graves crimes contre l'humanité.

Si ce n'est pas le cas, le masque intelligent pourrait bien être remplacé par la marque intelligente, qui pourrait consister en un tatouage sous la peau, scannable de l'extérieur, et/ou en des vaccins dotés de nanobiosenseurs qui non seulement prouvent que vous avez été vacciné, mais contiennent également toutes vos données personnelles, devenant simultanément votre carte d'identité et votre carte de débit.

Ce système de "marque de la bête" via les vaccinations -
que Netflix a montré dès 2017 dans le dessin animé
pour enfants "Stretch Armstrong & The Flex Fighters" -
nous l'avons décrit pour la première fois en 2009 et il
est maintenant sur le point d'être mis en œuvre à
l'échelle mondiale avec des mesures de plus en plus
contraignantes.

Chapitre 3 : Fraude à l'ARN

Le CDC est poursuivi pour fraude massive : Les tests effectués dans 7 universités sur TOUTES les personnes examinées ont montré qu'elles n'avaient pas le Covid, mais seulement la grippe A ou B - Statistiques du RIVM et de l'UE : "Corona" a pratiquement disparu, même en cas de mortalité.

Un scientifique clinique et immunologiste-virologue d'un laboratoire du sud de la Californie déclare que lui et ses collègues de 7 universités poursuivent le CDC pour fraude massive. La raison : pas un seul des 1500 échantillons de personnes testées "positives" n'a pu trouver de Covid-19. Toutes les personnes se sont simplement avérées être atteintes de la grippe A, et dans une moindre mesure de la grippe B. Cela correspond aux conclusions précédentes d'autres scientifiques, dont nous avons fait état à plusieurs reprises.

Dr. Derek Knauss : "Lorsque mon équipe de laboratoire et moi-même avons soumis les 1500 échantillons supposés positifs de Covid-19 aux postulats de Koch et les avons placés sous un MEB (microscope électronique), nous n'avons trouvé AUCUN Covid dans les 1500 échantillons. Nous avons constaté que les 1500 échantillons étaient principalement des cas d'influenza A, et quelques cas d'influenza B, mais aucun cas de Covid. Nous n'avons pas utilisé les tests PCR sans valeur".

Covid n'a pas été découvert une seule fois dans 7 universités ces derniers temps

Quand on a envoyé le reste des échantillons à Stanford, Cornell et quelques laboratoires de l'université de Californie, ils ont obtenu le même résultat : PAS DE COVIDES. Ils ont trouvé des grippes A et B. Puis nous avons tous demandé au CDC des échantillons viables de Covid. Le CDC a dit qu'il ne pouvait pas les donner, parce qu'il n'avait pas ces échantillons".

Nous sommes donc arrivés à la dure conclusion, grâce à nos recherches et à nos travaux de laboratoire, que le Covid-19 était imaginaire et fictif. La grippe s'appelait seulement 'Covid', et la plupart des 225 000 décès étaient dus à des comorbidités telles que des maladies cardiaques, des cancers, des diabètes, des emphysèmes pulmonaires, etc... Ils ont attrapé la grippe qui a encore affaibli leur système immunitaire, et ils sont morts.

Ce virus est fictif

J'ai toujours besoin de trouver un échantillon viable avec le Covid-19 pour travailler. Nous, qui avons réalisé les tests en laboratoire avec ces 1500 échantillons dans les 7 universités, poursuivons maintenant le CDC pour fraude au Covid-19. Le CDC ne nous a toujours pas envoyé d'échantillon viable, isolé et purifié de Covid-19.

S'ils ne peuvent pas ou ne veulent pas, alors je dis qu'il n'y a pas de Covid-19. C'est de la fiction".

Les quatre articles de recherche décrivant les extraits du génome du virus Covid-19 n'ont jamais réussi à isoler et à purifier les échantillons. Les quatre articles ne décrivent que de petits morceaux d'ARN qui ne font que 37 à 40 paires de bases. Ce n'est PAS un VIRUS. Un génome viral compte normalement 30 000 à 40 000 paires de bases".

Maintenant que le Covid-19 est supposé être si mauvais partout, comment se fait-il qu'aucun laboratoire dans le monde n'ait complètement isolé et purifié ce virus ? C'est parce qu'ils n'ont jamais vraiment trouvé le virus. Tout ce qu'ils ont découvert, ce sont de petits morceaux d'ARN qui n'ont pas été identifiés comme étant le virus de toute façon. Donc, ce à quoi nous avons affaire est juste une autre souche de grippe, comme chaque année. Le Covid-19 n'existe pas et est fictif".

'Je crois que la Chine et les mondialistes ont mis en place ce canular Covid (la grippe déguisée en un nouveau virus) pour établir une tyrannie mondiale et un État policier de contrôle totalitaire. Cette intrigue comprenait (aussi) une fraude électorale massive pour renverser Trump."

La détection de l'ARN viral ne peut pas démontrer la présence d'un virus infectieux ou le fait que le 2019-nCoV est l'agent responsable des symptômes cliniques.

19

Et en outre : Ce test ne peut exclure d'autres maladies causées par d'autres agents pathogènes bactériens ou viraux.

En d'autres termes, nous ne pouvons pas prouver que les personnes qui tombent malades, sont hospitalisées et, très occasionnellement, meurent, ont été infectées par un nouveau coronavirus appelé SARS-CoV-2, ni qu'elles ont développé une nouvelle maladie appelée "Covid-19". Il pourrait tout aussi bien s'agir d'un autre virus et d'une autre maladie. (Et puisque tous les symptômes, y compris la pneumonie sévère, sont parfaitement similaires à ce que la grippe peut provoquer historiquement chez les personnes vulnérables... "si ça ressemble à un canard et que ça marche comme un canard, c'est un canard".

Récompense de 225 000 euros pour la démonstration du coronavirus

Au début de l'année, l'équipe allemande de Samuel Eckert et le fonds Isolate Truth ont offert une récompense d'au moins 225 000 euros à tout scientifique capable d'apporter la preuve irréfutable que le virus SRAS-CoV-2 a été isolé et qu'il existe donc. Ils ont également souligné qu'aucun laboratoire dans le monde n'a encore été en mesure d'isoler ce coronavirus.

Oui, les scientifiques des systèmes prétendent l'avoir fait, mais cet "isolement" consiste uniquement en un échantillon du corps humain, qui est une "soupe" pleine de différents types de cellules, de restes de virus, de bactéries, etc. À l'aide de produits chimiques (toxiques), on recherche ensuite quelques particules (résiduelles) qui pourraient indiquer qu'un virus a existé ou existe encore, après quoi on les désigne comme des "preuves".

L'équipe canadienne n'a également trouvé aucune preuve malgré 40 demandes de WOB.

Fin décembre 2020, nous avons prêté attention à une initiative similaire à celle de l'Allemagne. Une équipe autour de la journaliste d'investigation canadienne Christine Massey a soumis aux autorités médicales du monde entier pas moins de 40 demandes de WOB demandant simplement la preuve que le virus du SRAS-CoV-2 a été isolé, et que son existence peut donc être objectivement prouvée. Pas une seule des agences et autorités auxquelles il a été écrit n'a été en mesure de fournir cette preuve.
Impossible de démontrer que le SRAS-CoV-2 est à l'origine d'une maladie appelée Covid-19.

Les docteurs Tom Cowan, Andrew Kaufman et Sally Fallon Morell ont récemment publié une déclaration sur "la controverse persistante sur la question de savoir si le virus du SRAS-CoV-2 est isolé ou purifié". Mais si l'on se base sur la définition officielle d'Oxford du terme "isolement" ("le fait ou la condition d'être isolé ou retiré, une séparation d'autres choses ou personnes, être seul"), le bon sens, les lois de la logique et les

21

règles de la science imposent à toute personne impartiale de conclure que le virus SRAS-CoV-2 n'a jamais été isolé ou purifié. Par conséquent, aucune confirmation de l'existence du virus ne peut être donnée".

Les implications logiques et scientifiques de ce fait sont que la structure et la composition de quelque chose dont l'existence ne peut être prouvée ne peuvent être connues, y compris la présence, la structure et la fonction d'hypothétiques épis ou autres protéines. La séquence génétique de quelque chose qui n'a jamais été découvert ne peut être connue, pas plus que les "variantes" (mutations) de quelque chose dont l'existence n'a pas été démontrée. Il est donc impossible de démontrer que le SRAS-CoV-2 est à l'origine d'une maladie appelée Covid-19".

Test PCR combiné pour la corona et la grippe "parce qu'il n'y a pratiquement aucune différence".

La plus grande société de biotechnologie au monde, la société chinoise BGI, a récemment introduit un nouveau test PCR capable de détecter simultanément les grippes A, B et corona.

Outre le fait avéré qu'un test PCR ne peut prouver l'infection par quelque virus que ce soit, l'explication de

BGI selon laquelle les deux maladies sont si difficiles à distinguer l'une de l'autre et qu'ils n'ont donc réalisé qu'un seul test, en dit plus qu'assez. Peut-être qu'il n'y a pas de différence du tout, que "Covid" n'est qu'un autre nom pour les virus de la grippe "familiers" et qu'il s'agit d'une autre astuce marketing ?

Grâce à la propagande de peur diffusée par les médias 24 heures sur 24 et 7 jours sur 7 et approuvée par le gouvernement, la plupart des gens en sont venus à croire qu'il existe effectivement un virus mortel qui rend les gens malades beaucoup plus rapidement et plus gravement que la grippe saisonnière. Or, même cette dernière n'est manifestement pas le cas. La grippe A est la principale cause de décès par pneumonie dans le monde développé depuis des années.

Mais envoyez les personnes désignées comme des patients Covid sévères dans quelques unités de soins intensifs du pays, placez des caméras sur eux en permanence, donnez des instructions à quelques médecins pour qu'ils ne discutent que des pires cas, et vous avez votre "pandémie télévisée". L'argument "nous le faisons parce que sinon les soins seront surchargés" a été mis à mal par le gouvernement lui-même il y a quelque temps en rejetant une offre de 400 lits de soins intensifs et de personnel parce que "ce n'est pas nécessaire". (Était-ce peut-être la première et la seule fois où la vérité a été dite ?)

Plus rien à craindre (pourtant, il ne revient jamais à la normale).

Maintenant que les chiffres officiels du RIVM montrent également qu'après le traditionnel pic hivernal normal, rien ne va plus, et que selon les statistiques de l'UE (EuroMOMO) il y a même un sous-développement significatif, la société - s'il s'agissait vraiment d'un virus et de la santé publique - devrait immédiatement revenir à la normale pour commencer à réparer les énormes dégâts causés par les politiques gouvernementales.

Cependant, comme vous le savez, cela ne sera jamais fait, et ce parce que ce canular pandémique soigneusement planifié met en œuvre un programme idéologique, la "Grande Réinitialisation", qui vise à démolir en grande partie la société et l'économie de l'Occident, puis à les soumettre à une dictature technocratique mondiale communiste climatovaccinale, dans laquelle toutes nos libertés, nos droits civils et nos droits d'autodétermination seront supprimés une fois pour toutes.

Chapitre 4 : Une dissimulation éhontée ?

85% de toutes les personnes qui sont mortes (soi-disant) du Covid-19 auraient pu être en vie aujourd'hui si la politique et les médias n'avaient pas fait tout ce qu'ils pouvaient pour supprimer les médicaments existants. Ce n'est pas n'importe qui qui le dit, mais l'un des plus grands médecins du monde, le professeur Dr Peter McCullough, qui est l'expert le plus publié au monde dans son domaine. M. McCullough a souligné ces faits choquants dans une déclaration faite devant la commission de la santé publique et des services sociaux de l'Assemblée de l'État du Texas. À notre avis, la rétention délibérée de médicaments dont l'efficacité et la sécurité ont été prouvées constitue un crime contre l'humanité et équivaut en fait à une forme indirecte de génocide.

McCullough est interniste, cardiologue et professeur de médecine au Health Sciences Center de la Texas A&M University. Il est l'expert le plus publié de l'histoire dans son domaine, ainsi que l'éditeur de deux grandes revues médicales.

Absolument stupéfait" que le public se voie refuser des traitements fonctionnels.

Il s'est dit "absolument sidéré" qu'aucun des 50 000 articles évalués par des pairs sur le Covid-19 ne mentionne un traitement (autre que la vaccination). Avec une équipe d'experts, il a mené une telle étude et a ensuite mis au point un excellent traitement, qui a été publié dans le très sérieux American Journal of Medicine. Ils en ont également fait une vidéo sur YouTube, qui est devenue immédiatement virale - jusqu'à ce que YouTube la bloque au bout d'une semaine.

Incroyable ce qui a été fait", a poursuivi le professeur. Combien d'entre vous ont déjà entendu à la télévision ou à la radio qu'un traitement à domicile était possible ? Même un seul mot sur ce qu'il faut faire (avec des médicaments) si on vous diagnostique le Covid-19 ? C'est un échec complet et total dans tous les domaines ! Pourquoi pas de panel de médecins pour éviter autant d'hospitalisations que possible ? Pourquoi aucun rapport de patients traités qui n'ont pas eu à se rendre à l'hôpital ? C'est une parodie totale que de ne pas traiter une maladie mortelle". Il a donc demandé que chaque résultat de test soit dorénavant accompagné d'une recommandation de traitement comme norme.

Les pays qui ont autorisé la médication n'ont que 1 % à 10 % du nombre de décès.

Le professeur a souligné que les pays non occidentaux qui autorisaient ces médicaments (tels que le protocole HCQ/zinc, la quercétine, l'ivermectine) ne comptaient proportionnellement que 1 à 10 % des décès du "premier monde". Mais à quand remonte la dernière fois où vous avez allumé le journal télévisé et fait le point sur la situation ? Quand avez-vous eu des nouvelles de la façon dont le reste du monde traite le Covid ?

Tout comme en Europe, il n'y a aux États-Unis qu'une poignée de médecins et d'""experts" qui brossent à chaque fois le même tableau extrêmement partial, déformé et trompeur à la télévision, conçu pour maintenir toute la population dans un état de peur mortelle (et donc d'obéissance absolue aux mesures les plus absurdes). Aucun de ces médecins et experts ne mentionne jamais que les patients atteints de Covid peuvent être traités et guéris facilement, rapidement et en toute sécurité avec les médicaments existants.

80 % d'immunité de groupe, vaccinations de masse totalement inutiles

On estime que le Texas, où presque toutes les mesures relatives à l'effet corona ont été levées le 1er mars et où la vie est presque revenue à la normale - et où l'effet corona a également presque disparu - possède maintenant une immunité de groupe de 80 %. Les personnes qui reçoivent Covid et développent des anticorps contre lui, "ont une immunité complète et à long terme. On ne peut pas faire mieux. On ne peut pas l'améliorer avec des vaccins. Il n'y a aucun argument scientifique, clinique ou de sécurité pour vacciner ou tester un jour un patient rétabli par Covid".

Au cours des phases de test du vaccin l'année dernière, seul moins de 1% du groupe placebo a effectivement reçu le Covid-19, répète M. McCullough en se basant sur les rapports officiels. Mais le vaccin va avoir un impact d'au moins 1% sur la santé publique. C'est ce que disent les données. Le vaccin ne va pas nous sauver, et nous avons déjà une immunité de groupe de 80 %".

Selon lui, les vaccins ne devraient être administrés de manière stratégique qu'à quelques groupes vulnérables. Toutefois, les personnes de moins de 50 ans en bonne santé n'ont absolument pas besoin d'être vaccinées. Il n'y a aucun argument scientifique pour cela. L'une des plus grandes erreurs de la vaccination est la soi-disant "propagation asymptomatique". Je veux être très clair à ce sujet : cela n'existe pratiquement pas, si tant est que cela existe. Une personne malade transmet la maladie à une autre personne malade. Les Chinois ont publié une étude ... à 11 millions de personnes. Ils essayaient de trouver des preuves de propagation asymptomatique. Il n'y en a pas. C'est l'une des plus importantes pièces de la désinformation.

85 % des décès et des hospitalisations auraient facilement pu être évités.

Le professeur a souligné que la suppression des informations sur les traitements efficaces et sûrs a été extrêmement préjudiciable. Deux études "de très grande envergure" ont montré que "si les médecins traitent leurs patients de plus de 50 ans présentant des problèmes médicaux en temps voulu avec un protocole multi-médicaments... il y a 85 % d'hospitalisations et de décès en moins".

Nous avons enregistré plus de 500 000 décès aux États-Unis. Nous aurions pu éviter 85 % (425 000) d'entre eux si notre réponse à la pandémie s'était concentrée comme un rasoir sur le problème qui se trouve sous nos yeux : le patient malade".

Le professeur français Christian Perronne, dont les antécédents sont très impressionnants, a publié l'année dernière un livre au titre révélateur : "Y a-t-il une erreur qu'ils n'ont pas commise ? - Covid-19 : L'union sacrée de l'incompétence et de l'arrogance". Selon lui, si les patients atteints de l'effet corona avaient été traités dès le début (notamment de manière préventive) avec du zinc, de l'hydroxychloroquine/quercétine, des vitamines C et D et de l'azithromycine, il n'y aurait eu pratiquement aucun décès et 25 000 Français (80 % du nombre de morts de l'époque) seraient encore en vie aujourd'hui.

Ce serait simplement votre enfant, votre (grand)parent, votre partenaire, votre ami ou votre collègue qui aurait été inscrit sur la liste des victimes d'un crime contre l'humanité de cette manière honteuse, d'un génocide indirect même, sacrifié sur l'autel de l'idéologie transhumaine selon laquelle tout le monde devrait se faire injecter ces "vaccins" manipulateurs de gènes quoi qu'il arrive, et aucun autre moyen ne devrait mettre en péril cette intention perfide.

29

Chapitre 5 : Les cyberattaques

En 2021-2022, sur les ruines du système actuel, le nouveau système entièrement numérique prévu de longue date, une technocratie communiste-fasciste, sera mis en place.

De même qu'un exercice "en direct" a été organisé en octobre 2019 avec une pandémie corona (événement 201), puis effectivement réalisé trois mois plus tard, le Forum économique mondial de Klaus Schwab va "simuler" une cyberattaque massive en été. Le Cyber Polygone 2021 aura lieu le 9 juillet 2021 et vise - comme pour Corona et l'événement 201 - à mettre en place un scénario détaillé pour ce qui sera effectivement réalisé quelque temps plus tard (peut-être dès l'automne) : une " attaque " massive sur les infrastructures numériques et énergétiques, qui devrait mettre l'Occident en particulier à genoux une fois pour toutes avant le Grand Réinitialisation.

La mondialisation numérique a connecté le monde de manière si étroite que des individus malveillants peuvent utiliser des cyberattaques et des piratages pour causer des dommages importants au système financier, aux approvisionnements en énergie, aux entreprises et aux infrastructures, avertit le WEF. Toute la société moderne en est devenue si dépendante que quelques jours sans accès aux banques et aux paiements, ou pire, sans électricité ni eau, suffiront à provoquer une panique totale.

Pourquoi les Russes participent-ils ?

On ne sait pas qui sera blâmé pour cette monstrueuse opération sous faux drapeau. La plus évidente est l'excuse classique et éculée "ce sont les Russes qui l'ont fait ! Mais la plus grande banque publique de Russie, Sberbank, et sa division cybernétique BIZONE, participent en fait au Cyber Polygone 2021.

Qu'est-ce qui se passe ici ? La Russie fait-elle peut-être partie du même complot du WEF visant à mettre l'Occident à genoux une fois pour toutes ? Ou bien les Russes participent-ils au Cyber Polygone 2021 parce que de hauts responsables politiques et militaires américains menacent ouvertement de lancer une cyber-attaque contre la Russie depuis des années ? Si c'est la véritable raison, il serait alors judicieux de s'informer autant que possible des méthodes de l'ennemi afin de pouvoir s'armer contre lui.

Méga-crise financière en 2021-2022

Depuis des années, nous mettons en garde contre une méga-crise financière inévitable, car le système bancaire occidental - et surtout européen - est techniquement en faillite, le poids de la dette, qui continue de croître rapidement, est devenu insoutenable, l'euro n'a de valeur que sur le papier et les années de taux d'intérêt négatifs de la BCE ont complètement érodé l'épargne, les retraites et le pouvoir d'achat de l'euro. Nous vivons donc "sur du temps emprunté", ou plutôt : du temps acheté avec d'énormes quantités de nouvelle monnaie numérique (des dizaines de milliards par mois), qui n'a fait que retarder le grand coup (et qui, en partie à cause de cela, sera beaucoup plus difficile, et sera probablement un fait en 2021-2022).

Puisque cette méga-crise systémique est maintenant très proche, les gouvernements, les banques et les grands acteurs financiers ont besoin d'un bouc émissaire pour leur attaque "false flag" planifiée, qui donnera au système mourant un coup final "contrôlé" avant qu'il ne s'effondre de lui-même. Le désordre causé par l'effondrement sera si énorme et fera tant de victimes que des centaines de millions de personnes désespérées voudront passer leur colère sur les vrais coupables, en l'occurrence les mêmes gouvernements et banques, dirigés par de grandes organisations mondialistes, avec le WEF à la barre.

Qui sera le bouc émissaire ?

Afin de prévenir les soulèvements et les révolutions, il est "nécessaire" de désigner un bouc émissaire à la population. Peut-être s'agira-t-il d'un autre groupe de hackers russes, chinois ou d'Europe de l'Est. La Chine pourrait très bien convenir aux États-Unis, car le Pentagone prévoit également une guerre "chaude" contre ce pays dans un avenir proche. L'Iran et la Corée du Nord pourraient également être mentionnés, et peut-être même coopérer avec la Chine dans un nouvel "axe du mal", qu'il faudrait alors contrer "naturellement".

Ou bien l'inimitié avec la Chine n'est-elle qu'un simulacre, destiné à alimenter davantage les craintes populaires de guerre et d'autres calamités ? Après tout, les États-Unis et l'Union européenne sont occupés à copier le système de contrôle totalitaire chinois.

Une autre option consiste à faire remonter la cyber-attaque sous faux drapeau jusqu'à Israël, ce que l'OTAN et le Conseil de sécurité de l'ONU utiliseront pour forcer le pays menacé militairement à accepter un "plan de paix" qui divisera le pays en deux et fera de Jérusalem une sorte de ville internationale. Nous avons montré dans plusieurs articles il y a plus de 10 ans que le Vatican et la franc-maçonnerie ont jeté leur dévolu sur Jérusalem depuis très longtemps, car ils veulent en faire le centre d'une sorte de nouvelle religion mondiale fusionnée.

Quoi qu'il en soit, le canular de la pandémie de corona a montré sans équivoque qu'il ne faut pas présenter les choses comme si elles étaient si folles ou improbables que la population occidentale, incroyablement mal informée, désintéressée et enivrée, les accepte aveuglément. TOUT ce que les gouvernements et les médias prétendent est maintenant cru, "parce qu'ils l'ont dit à la télévision, et donc c'est vrai".

Une technocratie communiste-fasciste dans laquelle même votre corps ne vous appartient plus.

Le Great Reset du WEF a commencé depuis l'année dernière à briser et à changer radicalement notre société. Les derniers vestiges de liberté, de démocratie et d'autodétermination vont disparaître pour de bon, l'argent liquide sera remplacé par des monnaies entièrement numériques, et le nouveau "capitalisme participatif" n'est rien d'autre qu'un système communiste-fasciste combiné dans lequel vraiment tout sera retiré aux citoyens et aux entreprises, même le droit de contrôler son propre corps.

L'État devient essentiellement l'unique actionnaire principal de tous les aspects de la vie. Dans un premier temps, il obtiendra plus qu'assez de soutien populaire pour cela, car ce système prévoit l'avènement d'un revenu de base universel, et la cyber-attaque planifiée susmentionnée créera tellement de chaos et de misère, que les gens accepteront toute solution sans critique et même avec le plus grand enthousiasme. ("Ordo ab Chao")

Mais bientôt, les survivants de la crise mondiale à venir découvriront que dans le nouveau système, ils n'auront absolument rien à dire, pas même sur leur propre corps. Avec une vaccination obligatoire à l'ARNm après l'autre - qui pourrait bientôt contenir des nanopuces - ils deviendront des esclaves numériques génétiquement modifiés, des sortes d'androïdes ou de cyborgs. Klaus

Schwab a littéralement annoncé des scanners cérébraux
obligatoires et des puces qui permettront de contrôler
et de manipuler même vos pensées, vos désirs et votre
volonté.

**Le FME menace la survie de l'humanité ; il faut donc un
véritable "Great Reset".**

Le Forum économique mondial se présente donc sans
ambiguïté comme l'une des plus grandes menaces pour
la survie de l'humanité. Il est tout à fait concevable que
le WEF, avec le soutien des puissances occidentales,
fasse un long chemin, mais en fin de compte, nous
soupçonnons que cette dictature anti-humaine des plus
horribles ne durera pas longtemps. Dans leur arrogance
sans bornes, ils pensent pouvoir contrôler et changer la
nature humaine, mais ce qu'ils vont créer n'est rien
d'autre que l'enfer sur terre, qui se consumera
complètement sous le poids de sa propre malignité
mégalomaniaque.

Il sera alors enfin temps de procéder à un véritable
Great Reset, dont les croyants disent qu'il sera réalisé
"d'en haut". Ce royaume de paix durera pour l'éternité
et n'accueillera plus des personnalités telles que Klaus
Schwab, Bill Gates, George Soros et Mark Zuckerberg, ni
l'élite bancaire qui les surplombe encore, dirigée par la
tristement célèbre famille Rothschild. Cette "Babylone"
aura été définitivement détruite, pour ne plus jamais se
relever et terroriser l'humanité.

Chapitre 6 : La grande remise à zéro

La "grande réinitialisation" a été conçue pour prolonger le système moribond actuel, mais elle ne fonctionnera pas".

Il y a plusieurs années, nous avons prêté attention pour la première fois aux prévisions sombres du site privé de renseignement géopolitique et militaire Deagel.com, qui s'appuie sur des chiffres, des rapports et des documents officiels de la CIA, du ministère américain de la défense, de la Banque mondiale, du WEF, de l'UE, du FMI et d'à peu près tous les organismes et organisations internationaux faisant autorité, entre autres. Dans l'analyse mise à jour en septembre 2020, rien ne semble avoir changé : en 2025, l'Occident est toujours en plein effondrement, même si la gravité du coup varie d'un pays à l'autre. Les États-Unis, la Grande-Bretagne et l'Allemagne souffriront particulièrement, tandis que les Pays-Bas et la Finlande seront les moins touchés en Europe. Néanmoins, M. Deagel s'attend à ce qu'environ un million de personnes disparaissent également dans notre pays.

En 2014, Deagel a écrit qu'en raison de l'impression monétaire et de la dette illimitées, le bloc occidental des deux côtés de l'océan se sera effondré d'ici 2025. Ce destin est toujours inévitable. De plus, la crise coronaire a montré que "le modèle de réussite du monde occidental est construit sur des sociétés sans résilience, qui peuvent difficilement tolérer une quelconque adversité, même de faible intensité. Nous le supposions, et nous en avons maintenant, sans aucun doute, la pleine confirmation".

Grand Reset : prolongation temporaire d'un système moribond

La crise Covid sera utilisée pour prolonger la vie de ce système économique moribond par le biais de la soi-disant grande réinitialisation, qui, comme les canulars du changement climatique, de la rébellion de l'extinction, de la crise planétaire, de la "révolution verte" et du pétrole de schiste, est promue par le système".

Et comme pour les lockdowns de la Corona et la destruction délibérée de l'industrie hôtelière, du tourisme et d'une grande partie du secteur des PME, tout ce qui concerne la "grande réinitialisation" vise à faire reculer fortement l'économie de consommation afin que nous puissions continuer plus ou moins sur la même base pendant quelques années de plus. Cela peut être efficace pendant un certain temps, mais ne résoudra pas le problème de fond et ne fera que retarder l'inévitable. L'élite dirigeante espère rester au pouvoir, ce qui est en fait tout ce qui l'intéresse vraiment.

Covid a montré que l'Occident ne peut plus faire face aux difficultés.

L'effondrement du système financier occidental - et finalement de la civilisation occidentale - par une confluence de crises est l'élément clé de la prévision, et son résultat est dévastateur. Covid a montré que les sociétés occidentales qui ont embrassé le multiculturalisme et le libéralisme extrême sont incapables de faire face à une véritable adversité."

À titre d'exemple frappant, Deagel cite la pandémie de grippe espagnole d'il y a un siècle environ. Elle a coûté la vie à quelque 40 à 50 millions de personnes. Aujourd'hui, la population mondiale est quatre fois plus importante, et si la corona était aussi grave, elle aurait tué au moins 160 à 200 millions de personnes (compte tenu de la mondialisation et de l'intensité des voyages aériens, le double est plus probable). Mais le bilan (très probablement artificiellement gonflé) s'élève actuellement à 2,9 millions de morts, soit seulement 0,037 % de la population mondiale, ce qui est comparable à une vague légère de grippe saisonnière.

Les États les plus prospères paieront le prix fort

Il est très probable que la crise économique résultant des lockdowns fera plus de morts que le virus dans le monde", affirme M. Deagel. La dure réalité des sociétés occidentales diverses et multiculturelles est qu'un effondrement - en fonction de divers facteurs - fera de 50 à 80 % (de la population) des victimes. Globalement, les États-providence les plus diversifiés, les plus multiculturels et les plus endettés (avec les niveaux de vie les plus élevés) paieront le plus lourd tribut.

La seule chose qui maintient encore notre société occidentale anormale et errante comme une "colle" est la "surconsommation, avec de fortes doses de dégénérescence illimitée emballée comme une vertu". Malgré la censure généralisée, les "lois sur la haine" et les signaux contradictoires montrent que même cette colle ne fonctionne plus. Mais tout le monde ne doit pas mourir ; la migration peut aussi jouer un rôle positif à cet égard".

Les analystes s'attendent à ce que les pays du deuxième et du tiers monde qui s'accrochent à l'"ancien ordre mondial" s'effondrent avec l'Occident. Mais comme ces pays sont plus pauvres, le choc sera beaucoup moins violent. En outre, il s'agit souvent de sociétés encore homogènes (cohésives), historiquement beaucoup plus résistantes à une crise systémique majeure ou à une autre calamité. Les pays qui se tournent vers la Chine ont les meilleures chances de se stabiliser à nouveau rapidement.

Maintenant que l'UE rejette depuis des années tout rapprochement avec la Russie et a même commencé à la dépeindre comme un ennemi, la Russie et la Chine ont commencé à former une alliance stratégique économique et militaire (qui remplacera l'Occident et formera le véritable Nouvel Ordre Mondial). Contrairement à ce qui est affirmé en Occident, non seulement la Russie mais aussi la Chine ont déjà une grande avance sur l'Amérique et l'Europe (/ l'OTAN) en matière de technologie militaire dans de nombreux domaines.

Une nouvelle guerre (mondiale) majeure est même qualifiée d'"événement majeur le plus probable" au cours de ces années 20. Le premier scénario est une guerre conventionnelle (comme celle qui est sur le point d'éclater en Ukraine) qui dégénère en guerre nucléaire. Le deuxième scénario se situe entre 2025 et 2030, et suppose une attaque surprise russe écrasante contre l'Occident. Au grand dam de l'élite militaire occidentale, les Russes ont montré en Syrie en 2015 qu'ils sont capables de mener une telle attaque à la perfection à une distance de plus de 2 000 kilomètres.

L'ironie est que, depuis la fin de la guerre froide, les États-Unis ont mis l'OTAN en position d'effectuer une telle "première frappe" sur la Russie, et il semble maintenant que cette première frappe va effectivement se produire, mais que le pays qui sera achevé est les États-Unis".

Les Occidentaux subissent un lavage de cerveau et sont arrogants.

Une autre particularité du système occidental est que ses sujets ont subi un lavage de cerveau au point que la majorité d'entre eux en sont venus à considérer leur suprématie morale et leur avance technologique comme allant de soi. Ceci a ouvert la voie à la suprématie des arguments émotionnels sur les arguments rationnels, qui sont ignorés ou dépréciés *(ceci est maintenant vrai dans TOUS les domaines, qu'il s'agisse du climat, de l'énergie, de l'immigration, de l'économie, de la Russie ou de la couronne).* Cet état d'esprit pourrait jouer un rôle clé dans les événements catastrophiques à venir.

Au moins, la majorité silencieuse de la population de l'ancienne Union soviétique était encore consciente de ses défauts, dont elle s'était, une fois n'est pas coutume, assez débarrassée. Les Occidentaux, et certainement les Américains, se considèrent toutefois comme extrêmement intelligents et bien au-dessus des autres. Aujourd'hui, l'Amérique et l'Europe prétendent que la Russie et la Chine leur volent toutes sortes de technologies, "ce qui prouve que maintenant l'élite occidentale est également infectée par cette hubris. Au cours de la prochaine décennie, il apparaîtra clairement que l'Occident est à la traîne du bloc Russie-Chine, après quoi le malaise (en Occident) pourrait se transformer en désespoir".

Déclencher une guerre semble être une solution rapide et facile pour restaurer la suprématie perdue. En 1940, la France n'avait pas d'armes nucléaires pour transformer la défaite en victoire. L'Occident pourrait s'y essayer maintenant, en raison de la perspective désagréable que nous serons 'le tyran et sa sale pute' *(une description très pertinente des États-Unis et de l'Europe*) qui fuiront avec crainte pendant que le reste du monde se moquera d'eux.

S'il n'y a pas de changement de cap spectaculaire, le monde sera certainement témoin de la première guerre nucléaire. L'effondrement du bloc occidental peut se produire avant, pendant ou après cette guerre. Cela n'a pas d'importance. Une guerre nucléaire est un pari avec des milliards de victimes, et pendant l'effondrement, leur nombre se chiffrera en centaines de millions".

La Russie se hisse au sommet

Les deux seuls pays d'Europe où le coup sera moins rude sont les Pays-Bas et la Finlande. Aux Pays-Bas, la population diminue d'environ 1 million de personnes pour atteindre 16 millions (-6%), et le pouvoir d'achat s'établit à 47 451 dollars, soit seulement 7% de moins que les 51 200 dollars actuels. La Finlande fait encore mieux avec une baisse de la population de 5% et une baisse du pouvoir d'achat de 1%.

Le pays dont la richesse augmente le plus est la Russie, où les résidents verront leur pouvoir d'achat augmenter de 63 % pour atteindre 43 557 dollars. Cela place la Russie à la 5e place, derrière le Brunei, le Qatar, Singapour et les Pays-Bas. La Chine, avec une 48e place sur la liste et un pouvoir d'achat de seulement 17 843 dollars, fait étonnamment beaucoup moins bien que prévu.

Étant donné l'énorme enthousiasme des néolibéraux européens (au vu de leurs politiques, le terme néo-marxistes est plus approprié) pour la Grande Réinitialisation et le super-État de l'UE, je crains que les attentes comparativement encore raisonnables des Européens ne s'avèrent déplacées. Néanmoins, il existe dans notre société des signes encourageants d'une résistance croissante aux politiciens systémiques de Bruxelles, dont il apparaît de plus en plus clairement qu'ils ne se préoccupent que de promouvoir leurs propres intérêts au détriment du bien-être, de la prospérité et de l'avenir de nos populations.

Chapitre 7 : L'étape suivante

La peur de la mort délibérément entretenue par un virus respiratoire commun semble avoir transformé d'innombrables personnes en zombies totalement soumis et sans cervelle depuis l'année dernière.

Selon une étude sur les vaccins à ARNm Covid publiée par l'Institut de microbiologie humaine, il semble maintenant que cela puisse littéralement se produire. En effet, les vaccins qui utilisent l'ARNm pour coder la protéine Spike du SRAS-CoV-2 original dans votre propre corps semblent pouvoir provoquer des troubles neurologiques très graves, notamment la SLA, la maladie de Creutzfeld-Jakob (également connue sous le nom de "maladie de la vache folle") et la maladie d'Alzheimer. La maladie de Creutzfeld-Jakob (MCJ) est mortelle à 100 %.

L'ARNm contenu dans les vaccins de Pfizer, AstraZeneca et Moderna "détourne" les cellules de votre corps de manière assez aléatoire, puis les incite à fabriquer la protéine Spike du coronavirus. Ainsi, ces "vaccins" ne sont en réalité pas du tout des vaccins, mais une thérapie génique ou une manipulation génétique du corps humain.

Selon la DB, le monstrueusement coûteux "Green Deal" présente des risques énormes pour la prospérité, l'économie et la démocratie. Ces risques devraient être annoncés honnêtement à la population, et non pas dissimulés, comme c'est le cas actuellement. C'est du moins ce qu'écrit Eric Heymann, économiste senior à la Deutsche Bank Research.

Les prions sont à l'origine de la SLA, de la maladie de Creutzfeld-Jakob et de la maladie d'Alzheimer.

La protéine Spike contient des "régions de type prion" qui lui permettent de se lier particulièrement bien aux récepteurs ACE2 humains. Les prions sont des particules infectieuses protéiques qui sont à l'origine d'un certain nombre de maladies cérébrales mortelles chez l'homme et l'animal.

Si le système immunitaire humain attaque les séquences d'ARNm du vaccin avant qu'il n'atteigne sa destination, des prions peuvent être libérés dans l'organisme, prévient l'auteur de l'étude, J. Bart Classen (MD) de Classen Immunotherapies Inc. à Manchester, au Royaume-Uni. La protéine de liaison à l'ADN TDP-43 et le gène FUS (qui ordonne à l'organisme de fabriquer des protéines) peuvent être affectés par les prions. Il a été scientifiquement établi que ce processus est à l'origine des redoutables maladies SLA, Creutzfeld-Jakob et Alzheimer, ainsi que d'autres troubles neurologiques graves.

L'ARNm contenu dans les vaccins de Pfizer, AstraZeneca et Moderna "détourne" les cellules de votre corps de manière assez aléatoire, puis les incite à fabriquer la

47

protéine Spike du coronavirus. Ainsi, ces "vaccins" ne sont en réalité pas du tout des vaccins, mais une thérapie génique ou une manipulation génétique du corps humain.

Les prions sont à l'origine de la SLA, de la maladie de Creutzfeld-Jakob et de la maladie d'Alzheimer.

La protéine Spike contient des "régions de type prion" qui lui permettent de se lier particulièrement bien aux récepteurs ACE2 humains. Les prions sont des particules infectieuses protéiques qui sont à l'origine d'un certain nombre de maladies cérébrales mortelles chez l'homme et l'animal.

Si le système immunitaire humain attaque les séquences d'ARNm du vaccin avant qu'il n'atteigne sa destination, des prions peuvent être libérés dans l'organisme, prévient l'auteur de l'étude, J. Bart Classen (MD) de Classen Immunotherapies Inc. à Manchester, au Royaume-Uni. La protéine de liaison à l'ADN TDP-43 et le gène FUS (qui ordonne à l'organisme de fabriquer des protéines) peuvent être affectés par les prions. Il a été scientifiquement établi que ce processus est à l'origine des redoutables maladies SLA, Creutzfeld-Jakob et Alzheimer, ainsi que d'autres troubles neurologiques graves.

Le monde attend-il des (dizaines de) millions de malades neurologiques graves ?

La maladie de Creutzfeld-Jakob (maladie de la vache folle) est mortelle à 100 %. La maladie est irréversible et il n'existe aucun traitement pour la soigner. Les symptômes correspondent à des hémorragies cérébrales et se manifestent notamment par une confusion, des difficultés d'élocution, des mouvements corporels étranges, des changements émotionnels et de personnalité, ainsi qu'une perte importante des fonctions cognitives, qui se termine par la mort. Une fois que les prions sont actifs et commencent à provoquer ces symptômes, il est trop tard.

Il existe donc un risque que les vaccins à ARNm corona provoquent une vague sans précédent de maladies neurologiques graves dans les années à venir. Chez des millions, voire des dizaines de millions de personnes, le cerveau pourrait être lentement "mangé" par les prions*, provoquant la démence, l'incapacité de fonctionner, et finalement, l'incapacité de penser. Sans compter que, dans l'intervalle, elles souffriront de plus en plus.

Vaccinzombies

Comme nous l'écrivons depuis près d'un an maintenant, presque toutes les maladies et tous les décès provoqués par les vaccins seront automatiquement attribués à des mutations, à de nouveaux virus ou à des "coïncidences" pour lesquels l'industrie pharmaceutique a développé un nouveau vaccin. Vous n'entendrez ni ne lirez jamais

49

cela dans les faux médias grand public ; ils ne citent que "nous, scientifiques et "experts" qui, quelle que soit la misère créée, continueront à affirmer que ces vaccins sont "parfaitement sûrs". Donc, Bagdad Bob en boucle, mais dans le monde entier et en grand nombre.

CNBC a déjà rapporté qu'un "survivant" du Covid sur trois souffre de troubles mentaux ou psychologiques tels que la démence, la dépression ou les troubles de l'anxiété. Ces troubles sont-ils vraiment causés par un virus respiratoire ordinaire ou par les vaccins ? Une mystérieuse maladie cérébrale a déjà fait surface au Canada, dont les symptômes ressemblent étrangement à ceux des maladies à prions mentionnées ci-dessus (perte de mémoire, hallucinations, atrophie musculaire). Les médecins affirment qu'il ne s'agit pas de la maladie de Creutzfeld-Jakob, mais ils n'ont pas encore trouvé d'autre cause.

La série d'horreur à succès "The Walking Dead" deviendra-t-elle une réalité un peu différente dans les années à venir, alors que le monde sera envahi de "zombies vaccinaux" ? Compte tenu du raz-de-marée d'effets secondaires graves et de décès qui se produisent déjà, cela ne semble plus être un pur fantasme.

Donc, si vous prévoyez toujours d'aller à une campagne de vaccination...

À votre santé !

Chapitre 8 : D'une manière ou d'une autre

Effectuez autant de tâches que possible sans masque buccal et évitez les efforts physiques si vous en portez un.

Le fait que les protège-dents sont inutiles et peuvent causer des dommages importants à la santé a maintenant été largement démontré. Ce que l'on ne savait pas encore, c'est que le port fréquent de protège-dents peut provoquer des lésions oculaires. C'est en tout cas ce qu'a découvert une équipe de scientifiques chinois. Leur étude a été publiée en mars 2021 dans la revue scientifique Translational Vision Science & Technology.

Une autre revue, The Review of Optometry, a fourni un résumé de cette étude. Des scientifiques chinois ont étudié les effets du port de protège-dents lors d'activités physiquement éprouvantes. 23 jeunes adultes en bonne santé ont reçu différents types de protège-dents à porter pendant un test de course. La vitesse a été progressivement augmentée jusqu'à ce qu'ils atteignent une fréquence cardiaque de 190 bpm.

Les participants ont été répartis en trois groupes : sans protège-dents, avec un protège-dents médical (le bleu familier) et avec un protège-dents N95. Avant et après le test, un scanner des nerfs optiques et des vaisseaux de la rétine de l'œil a été réalisé.

Avant même le test, on avait déjà constaté que les porteurs de N95 présentaient une densité de vaisseaux sanguins sensiblement réduite par rapport à ceux qui ne portaient pas de protège-dents.
Lésion potentielle de la rétine, altération des performances, essoufflement, faible saturation en oxygène.

Par la suite, on a constaté que les deux groupes de porteurs de protège-dents avaient couru moins longtemps et que la saturation en oxygène de leur sang était fortement réduite, tout comme la densité vasculaire de leur rétine.

Les scientifiques ont découvert que le protège-dents N95, en particulier, provoquait cet effet même dans un état de repos, ce qui pourrait avoir des conséquences potentielles sur la rétine et d'autres implications cliniques pour les travailleurs de la santé et d'autres professions qui doivent porter des protège-dents pendant de longues périodes chaque jour.

Tous les volontaires portant un protège-dents ont atteint la fréquence cardiaque maximale de 190 bpm beaucoup plus rapidement et présentaient par la suite une saturation en oxygène dans le sang nettement inférieure à celle des non porteurs. Un test de marche antérieur avait déjà montré que le port des protège-dents médicaux (bleus) entraîne une dyspnée (essoufflement) dans les 6 minutes.

Conseil : porter le moins possible de protection buccale

La conclusion est que les protège-dents retardent le retour à un rythme cardiaque normal après l'effort, réduisent les performances pendant les exercices et les sports, rendent les porteurs moins attentifs aux blessures et provoquent une hypoxémie (taux d'oxygène anormalement bas dans le sang). Les scientifiques conseillent donc à chacun d'effectuer autant de tâches que possible sans protège-dents, et d'éviter les efforts physiques lorsqu'on porte un protège-dents.

Effet nul, effet supposé déjà disparu après 10-15 minutes

Un article du Washington Post a admis que le port du protège-dents pendant la pandémie de grippe espagnole, il y a plus d'un siècle, n'avait eu aucun effet. Des études récentes sur le port du protège-dents au Danemark et aux États-Unis, les plus importantes jamais réalisées, ont également conclu que l'effet du protège-dents est, au mieux, nul et qu'il ne donne à celui qui le porte qu'un (faux) sentiment de sécurité.

Quoi qu'il en soit, il a déjà été établi que les bouchons N95 sont saturés de l'humidité de votre haleine au bout de 20 minutes maximum, et les bouchons bleus au bout de 10 à 15 minutes seulement, et qu'ils perdent donc complètement leur effet supposé.

Un professeur allemand : Les protège-dents peuvent en fait renforcer les infections

Le professeur de pathologie allemand Arne Burkhardt, qui fait autorité en la matière, a expliqué dans un rapport de 50 pages les effets dévastateurs du port du protège-dents sur notre santé, qui ne permet donc pas de contrer la soi-disant "pandémie" mais semble la perpétuer.

M. Burkhardt a averti que le port prolongé d'un protège-dents est très dommageable pour la peau du visage, les voies respiratoires, les poumons et l'ensemble de l'organisme humain, et peut entraîner de nombreuses maladies et troubles. Il est également prouvé que les protections buccales favorisent les infections virales, bactériennes et fongiques, et que les gens peuvent même se contaminer par leur intermédiaire.

Santé Canada et le gouvernement provincial du Québec ont récemment conseillé aux écoles de cesser immédiatement de porter et de distribuer des protège-dents médicaux (bleus), car ils contiennent des particules microscopiques de graphène qui peuvent pénétrer dans les poumons, puis causer de graves dommages, tout comme l'amiante.

Chapitre 9 : Le tir des vaccins

Pas de vaccin, pas de travail : Les employeurs pourraient commencer à exiger des vaccins de leurs employés

La Cour européenne des droits de l'homme (CEDH) a jugé que les vaccinations obligatoires étaient légales. Cette décision choquante et scandaleuse détruit l'intégrité de votre propre corps et ouvre la voie à la plus grande violation des droits de l'homme jamais commise, à savoir les vaccinations corona obligatoires. Elle souligne également que le système judiciaire européen est pourri et corrompu, et qu'il ne sert que les intérêts des multinationales pharmaceutiques et technologiques, sans oublier les politiciens qui ont été soudoyés ou achetés par elles.

La décision des "juges" fait suite à une plainte déposée par un groupe de familles tchèques qui avaient été condamnées à des amendes et dont les enfants n'étaient pas autorisés à fréquenter les crèches parce qu'ils n'avaient pas reçu les vaccins obligatoires contre neuf maladies (dont la diphtérie, le tétanos, la coqueluche, l'hépatite B et la rougeole).

Selon les parents, l'obligation va à l'encontre de l'article 8 sur le droit au respect de la vie personnelle, mais la Cour n'est pas d'accord, affirmant que les vaccinations sont "dans l'intérêt supérieur" des enfants afin que "chaque enfant soit protégé contre des maladies graves par des vaccinations ou une immunité de groupe".

La voie est libre pour les vaccinations obligatoires et les passeports corona

Les vaccinations obligatoires peuvent être considérées comme nécessaires dans une société démocratique", ont déclaré les juges européens. Bien que cet arrêt ne concerne pas directement le Covid, il pourrait, dans un avenir très proche, avoir des conséquences extrêmement importantes pour chaque citoyen. Outre les vaccinations obligatoires, il ouvre également la voie aux passeports de vaccination obligatoire, qui seront nécessaires pour accéder à la restauration et aux événements, et plus tard également aux agences, institutions et entreprises (pas de vaccin = pas de travail).

En effet, selon l'expert en droit de la CEDH Nicolas Hervieu, la décision ratifie les efforts des politiciens européens pour rendre les vaccins Covid obligatoires. (Pour les partisans invétérés des vaccins, lire par exemple 13-09 : Le géant pharmaceutique Pfizer accuse les anti-vaxxers si les vaccins ne parviennent pas à stopper la corona (/ Les partisans des vaccins utilisent une logique tordue et contradictoire pour forcer les autres à se faire vacciner aussi - 'Mais la rougeole, la coqueluche et la polio ont pratiquement disparu grâce aux vaccins, n'est-ce pas ?').

Le système de la "Bête" se rapproche de plus en plus

Il suffit de conclure ce message, une fois de plus, par la célèbre prophétie biblique dans laquelle (sur la base du texte source) est décrit exactement ce qui sera fait dans les années à venir et où cela mènera, si un nombre insuffisant de personnes sont prêtes à faire tout leur possible pour arrêter la venue de ce système profondément anti-humain et diabolique.

AstraZeneca a changé le nom de son vaccin "chimpanzé" génétiquement modifié en Vaxzevria, probablement pour détourner l'attention du fait que des gens continuent de mourir partout après s'être fait injecter cette substance hautement expérimentale et manifestement dangereuse. La notice du vaccin AZ/Vaxzevria est déjà si terrifiante qu'il est impensable que des personnes ayant la moitié d'un esprit fonctionnel se le fassent injecter. Malgré cela, l'administration de ce vaccin en Europe, qui constitue à mon avis un crime contre l'humanité potentiellement grave, n'a été que temporairement suspendue.

Augusta Turiaco, 55 ans, et Cinzia Pennino, 46 ans, peuvent être ajoutées à la liste toujours plus longue des décès dus au vaccin AZ. Les deux enseignantes sont tombées gravement malades quelques jours après avoir reçu l'injection du vaccin AZ, ont développé des caillots sanguins et sont décédées une à deux semaines plus tard. Malgré cela, les autorités ont affirmé qu'il n'y avait "aucun lien" avec le vaccin.

Une jeune Allemande meurt après avoir été vaccinée, un politicien dit qu'elle était "corrompue".

Dana Ottman, psychologue allemande de 32 ans, est tombée gravement malade immédiatement après sa vaccination contre l'AZ. Moins de deux semaines plus tard, elle a été retrouvée morte dans son lit par sa mère. Cause du décès : une hémorragie cérébrale massive. Un médecin affirme de sa main que le vaccin en est très probablement la cause. Puis elle entend à la télévision un politicien du SPD déclarer de manière effrayante que "nous devons supporter les "quelques personnes" qui meurent à cause des vaccins". Facile à dire, s'il ne s'agit pas de sa propre fille ou d'un autre être cher.

Néanmoins, l'Allemagne a décidé de ne pas utiliser le vaccin pour l'instant pour les personnes âgées de moins de 60 ans. Peu après, l'Europe a pour la plupart suspendu l'administration de l'AZ pour tout le monde, mais seulement temporairement pour le moment. Maintenant qu'un nouveau nom a été donné au vaccin, Vaxzevria, la vaccination devrait bientôt reprendre comme d'habitude. Après tout, le ministre De Jonge y a attaché son nom et sa réputation, et y a versé des centaines de millions de dollars de fonds publics.

Adénovirus de chimpanzé génétiquement modifié cultivé dans des cellules embryonnaires humaines".

Un simple coup d'œil à la notice de ce vaccin devrait faire frémir d'horreur toute personne sensée : "Contient un adénovirus génétiquement modifié dérivé du chimpanzé, cultivé dans des cellules rénales embryonnaires humaines. Ce produit contient des organismes génétiquement modifiés (OGM)"("Une dose (0,5 ml) contient pas moins de 250 millions d'unités infectieuses d'adénovirus de chimpanzé, qui code pour la glycoprotéine de pointe du SRAS-CoV-2, ChAdOx1-S." - page 2 et page.19).

Malgré cela, les médias et les politiciens continuent d'insister sur le fait que le génie génétique et les "cellules d'avortement" humaines sont une "théorie du complot", alors que cela est indiqué noir sur blanc dans la documentation des fabricants eux-mêmes (comme nous l'avons déjà montré pour le vaccin Pfizer). Ce qui n'est pas décrit, c'est que l'ADN étranger de l'adénovirus "de singe" peut être considéré comme étranger par notre système immunitaire, ce qui peut provoquer de graves réactions auto-immunes à long terme, même des années après l'administration.

Différence à peine perceptible dans les phases de test

La notice indique en outre que, dans la phase de test, la différence entre le groupe vacciné et le groupe témoin, tous deux composés de plus de 5000 personnes, est extrêmement faible. Sur les 5258 personnes vaccinées, 64 personnes (1,2%) ont encore reçu du Covid-19, et sur les 5210 personnes du groupe témoin, 154 (3,0%).

L'efficacité était en moyenne de 59,5 % dans les 4 à 12 semaines. En fait, la différence entre les participants âgés de 56 à 65 ans n'était que d'une personne (8 personnes dans le groupe Vaxzevria, et 9 personnes dans le groupe témoin ont reçu le Covid-19).

Il convient de noter qu'il s'agit également de tests effectués par le fabricant "le boucher inspectant sa propre viande". Les personnes qui ont déjà eu le corona, ou qui souffrent de diverses pathologies graves (cardiovasculaires, intestinales, hépatiques, rénales, endocriniennes/métaboliques, neurologiques) n'ont PAS été testées, mais sont en pratique BIEN vaccinées. Ensuite, nous laissons de côté le fait établi que les tests PCR utilisés produisent 90 à 98% de faux positifs.

Les effets sur les personnes fragiles et les femmes enceintes N'ONT PAS été étudiés

La notice indique ensuite qu'il y a effectivement eu "quelques cas" de décès dus à une thrombose, et que les médecins doivent donc être attentifs à l'apparition de ces symptômes après la vaccination. Efficacité chez les personnes dont le système immunitaire est affaibli (c'est-à-dire la plupart des personnes âgées et des malades chroniques) : NON étudiée.

Effets sur les femmes enceintes ? NON connus, même les études sur les animaux à ce sujet ne sont pas terminées. Pourtant, "nous ne prévoyons aucun effet sur le développement du fœtus. Cependant, les femmes enceintes ne doivent être vaccinées que " si les bénéfices potentiels l'emportent sur les risques potentiels pour la mère et le fœtus ". On ne sait pas non plus si Vaxzevria passe dans le lait maternel, ni s'il y a des effets sur la fertilité. Là encore, l'expérimentation animale n'a pas été menée à bien (mais vous pourriez BIEN servir de cobaye).

L'Empire prétend que les vaccins sont "éprouvés et sûrs", mais le fabricant lui-même en est beaucoup moins sûr, comme en témoigne l'explication (p. 7) du codage génétique du vaccin de la protéine Spike du virus SRAS-CoV-2, qui "pourrait contribuer à la protection contre le Covid-19". (gras ajouté) Et si le vaccin est accidentellement renversé, il doit être désinfecté avec un agent contre les (adéno)virus. Donc : peut-être dangereux lorsqu'on le touche, mais pas lorsqu'on l'injecte dans son corps ?

L'efficacité et la sécurité chez les personnes âgées ne doivent pas être démontrées avant 3 ans

Durée de la protection qu'offrirait le vaccin ? NON connue. Interaction avec d'autres médicaments ? NON étudiée. S'agit-il vraiment d'un vaccin sûr, et est-il vraiment efficace contre le Covid-19 ? On ne le saura que 12 mois après la vaccination. Cependant, les gouvernements n'ont pas voulu attendre ce délai et ont commencé à vacciner la population peu après la fin des phases de test.

Ce n'est pas avant le 31 mai 2022 que l'efficacité, la
stabilité et la sécurité de ce vaccin doivent être
définitivement démontrées. Pour les personnes âgées
et les malades chroniques, ce ne sera pas avant le 31
mars 2024, soit dans TROIS ANS (pg. 16). D'ici là, la
quasi-totalité de la population mondiale aura été
vaccinée. Compte tenu de ce qui précède, on peut
légitimement se demander combien de personnes
âgées auront survécu à ces vaccins d'ici là. Car le texte
le dit vraiment, noir sur blanc : ce n'est que dans trois
ans que l'efficacité et la sécurité de ce vaccin devront
être définitivement démontrées. (pp.15-16)

Qui ose encore prétendre qu'il ne s'agit pas d'une
expérience médicale de masse sans précédent
impliquant l'ensemble de la population mondiale, dont
les conséquences, selon un grand nombre de
scientifiques, médecins et autres experts, pourraient
bien être terribles ?

Qu'est-ce qui se passe avec tous ces gens de toute façon ?

Mais qu'est-ce qui se passe avec toutes ces personnes
crédules, pour qu'elles retroussent encore leurs
manches pour cela ? Et tous ces gens qui manipulent les
seringues, condamnant ainsi certaines personnes à une
thrombose, une hémorragie cérébrale, une maladie
chronique (auto-immune) ou même la mort ?

Avec les autorités, les directeurs et les politiciens qui commandent cela, mais qui, entre-temps, ont rejeté par avance toute responsabilité au cas où les choses tourneraient mal pour VOTRE santé, et peut-être même pour votre vie ?

Pour la réponse, je vais simplement me référer à nouveau brièvement aux annales des années 30 et 40. C'est ce qui se passe avec tous ces gens. Ils ont été saisis à nouveau par le même esprit sombre, abrutissant et terrorisant de peur totale, d'aveuglement, d'obéissance absolue et d'inconscience collective, qui semble une fois de plus ouvrir la voie à des crimes anti-humains innommables avec un nombre potentiellement innombrable de victimes.

Nous n'avons RIEN appris de l'histoire, même récente.

Nos autres livres

Consultez nos autres livres pour découvrir d'autres informations inédites, des faits exposés et des vérités démystifiées, et bien plus encore.

Rejoignez le cercle exclusif des médias de Rebel Press !

Chaque vendredi, vous recevrez dans votre boîte de réception une nouvelle mise à jour de la réalité non rapportée.

Inscrivez-vous ici dès aujourd'hui :

https://campsite.bio/rebelpressmedia